MI LIBRO DE
LECTURA Y ESCRITURA

Mc
Graw
Hill

COVER: Nathan Love.

mheducation.com/prek-12

Copyright © 2020 McGraw-Hill Education

Send all inquiries to:
McGraw-Hill Education
Two Penn Plaza
New York, New York 10121

ISBN: 978-0-07-702797-1
MHID: 0-07-702797-3

Printed in the United States of America.

6 7 8 9 LMN 23 22

A

¡Bienvenidos a Maravillas!

Explora textos apasionantes de **Literatura, Ciencias** y **Estudios Sociales**.

★ **LEE** acerca del mundo que te rodea.

★ **PIENSA, HABLA** y **ESCRIBE** sobre géneros literarios.

★ **COLABORA** en charlas e investigaciones.

★ **¡EXPRÉSATE!**

my.mheducation.com

Con tus datos de acceso podrás leer textos; practicar fonética, ortografía, gramática y mucho más.

Unidad 1 Da un paso adelante

Un buen comienzo

La gran idea

¿Qué aprendemos si intentamos
nuevas cosas?

Semana 1 • Hacer nuevos amigos

ESTUDIOS SOCIALES

Semana 2 • ¡Levántate y camina!

Semana 3 • Usa tus sentidos

Comenta lo que leen los niños.

 Dibuja algo sobre lo que quieras leer.

Todos somos escritores

sol
GUS

Ana

Juego con la pelota.

Mei

Pez

gato

Veo un zorro.

Comenta lo que escriben los niños.

 Dibuja algo que hiciste este verano.

 Escribe tu nombre.

Coméntalo

¿? Pregunta esencial ¿Por qué son especiales las personas?

Comenta lo que están haciendo los niños.

 Dibuja algo que te gusta hacer.

Conversa acerca del cuento.
¿Por qué el patito gris es diferente?

 Dibuja en qué es diferente el patito.

Escucha una parte del cuento.

 Comenta lo que dice Mamá Pata a sus patitos.

 Di las siguientes instrucciones en orden. Luego, represéntalas.

- **Ponte de pie.**
- **Salta.**
- **Siéntate.**

Buscar evidencias

 Lee para saber por qué cada niño es especial.

 Encierra en un círculo y lee la palabra **yo** en el título.

¡Yo soy especial!

Lectura compartida

 Buscar evidencias

 Comenta lo que hace cada niño.

 Encierra en un círculo al niño que juega con pelotas.

Lectura compartida

 Comenta lo que hace la niña en esta página.

 Vuelve a contar el cuento. Usa las ilustraciones como ayuda.

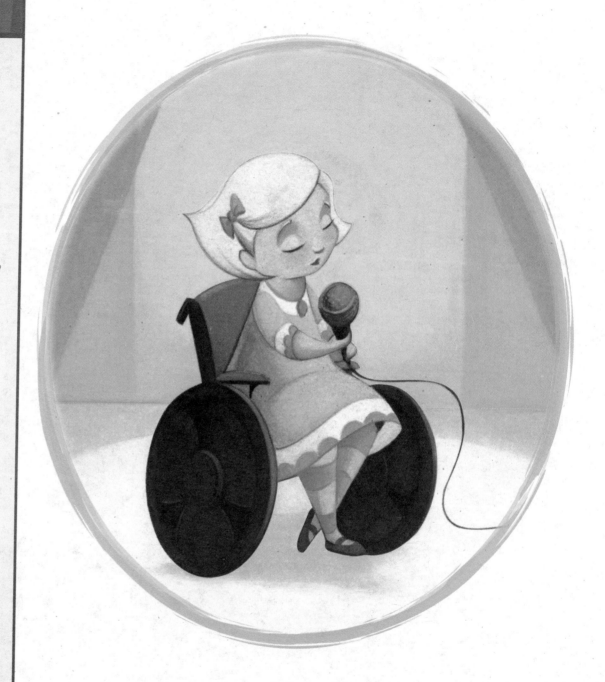

¡Fin!

Mi proyecto

Soy especial

 Dibújate a ti mismo.

 Escribe tu nombre.

¡Hola! Me llamo

Dibuja por qué eres especial.

 Saluda y preséntate.

 Comparte tu trabajo.

Buscar evidencias

 Lee para saber lo que hace cada niño.

 Encierra en un círculo la **M** y la **m** en el título.

¡Mírame!

Liza McCorkle/Vetta/Getty Images

Yo  .

salto

Buscar evidencias

Comenta lo que hace cada niña.

Encierra en un círculo lo que necesita la niña para pintar.

Yo _____ .

bailo

Ariel Skelley/Blend Images

Yo  .

pinto

Lectura compartida

 Encierra en un círculo al niño que está escribiendo.

 Vuelve a contar el texto. Usa las palabras y las fotos como ayuda.

Yo  .

leo

Yo  .

escribo

Coméntalo

Comenta lo que hace la familia.

 Dibuja algo que haces con tu familia.

Conversa acerca del cuento.
¿Qué hacen los ratones?

 Dibuja una parte importante del cuento.

Escucha una parte del cuento.

 Comenta qué necesitan los ratones.

 Escribe algo que puedes necesitar en la escuela. Luego, díselo a tu maestro.

Puedo necesitar

Buscar evidencias

 Lee para saber cómo se divierte la familia.

 Mira la ilustración. Di lo que hace cada persona.

¡Diversión en familia!

Lectura compartida

Encierra en un círculo a las personas que están sentadas alrededor de la mesa. Luego cuéntalas.

Usa ese número en una oración. Dísela a tu compañero.

 **Buscar evidencias**

Encierra en un círculo a la persona que cumple años. ¿Cómo lo sabes?

Vuelve a contar el cuento. Usa las ilustraciones como ayuda.

Mi familia y yo

 Dibújate a ti mismo y a tu familia.

Dibuja un lugar al que vas con tu familia.

 Saluda y preséntate.

 Comparte tu trabajo.

Buscar evidencias

Lee para saber lo que hace la familia para divertirse.

Encierra en un círculo lo que puede verter el niño. Fíjate en el dibujo para saber lo que significa la palabra **verter**. Luego cuéntale a tu compañero.

¡Juntos!

Yo puedo .

verter

Lectura compartida

 Comenta lo que prepara la familia. Usa las ilustraciones como ayuda.

 Encierra en un círculo y lee en voz alta la palabra **puedo**.

Yo puedo  .

mezclar

Yo puedo .

hornear

Lectura compartida

 Buscar evidencias

 Encierra en un círculo lo que puede comer la niña. ¿Cómo lo sabes?

 Vuelve a contar el cuento. Usa las palabras y las ilustraciones como ayuda.

Yo puedo limpiar.

¡Yo puedo !

comer

Comenta lo que puede hacer esta niña.

 Dibuja algo que tú puedes hacer.

Conversa acerca del texto.
¿Qué pueden hacer los niños?

 Dibuja algo que pueden hacer.

Escucha una parte del texto.

 Comenta qué te gustaría aprender este año. Luego escucha lo que tu compañero quiere aprender.

 Dibuja lo que te gustaría aprender.

En la escuela

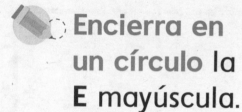

CALENDARIO

Lectura compartida

 Buscar evidencias

 Piensa en cómo se turnan para hablar los niños del cuento.

 Comenta tus ideas a tu compañero. Hablen por turnos.

Lectura compartida

 Buscar evidencias

 Comenta lo que hacen los niños en estas páginas.

 Vuelve a contar el cuento. Usa las ilustraciones como ayuda.

Mi proyecto

Yo puedo

 Dibuja algo que puedes hacer en la escuela.

Dibuja algo que puedes hacer en casa.

 Saluda y preséntate.

 Comparte tu trabajo.

Lectura compartida

 Buscar evidencias

 Lee para saber lo que puede hacer cada niño.

 Escucha las palabras del título. Da una palmada por cada palabra.

Yo soy yo

Yo puedo  .
patinar

Buscar evidencias

 Comenta lo que puede hacer cada niño.

 Encierra en un círculo y lee en voz alta las palabras **yo** y **puedo**.

Yo puedo .

rastrillar

Yo puedo .

pasear

Lectura compartida

 Buscar evidencias

 Encierra en un círculo lo que le gusta leer a cada niña.

 Vuelve a contar el texto. Usa las palabras y las fotos como ayuda.

¿Puedo ? leer

¡Yo soy  !
lista

Unidad 1
Da un paso adelante

La gran idea

¿Qué aprendemos si intentamos nuevas cosas?

 Saluda a tu compañero y di tu nombre.

 Comenta las fotos.

 Encierra en un círculo a las personas que hacen algo nuevo.

Coméntalo

Comenta lo que hacen estas amigas.

 Dibuja algo que puedes hacer con un nuevo amigo.

Vuelve a contar el cuento.

 Dibuja una parte importante del cuento.

Evidencia en el texto

Página

Conversa acerca de las maneras de llevarse bien entre amigos.

 Dibuja una manera de llevarse bien entre amigos.

**Los detalles clave dan información
que te ayuda a entender el cuento.**

 Escucha una parte del cuento.

 Comenta los detalles clave.

 Escribe un detalle clave.

Un detalle clave es que

_____

- -

_____

_____

- -

_____

Dibuja el detalle que escribiste.

Mira las páginas 21 a 24.

 Comenta cómo cambian los sentimientos del osito.

 Escribe y **dibuja** tus ideas.

Primero, el osito se siente

_____

- -

_____

Luego, el osito se siente

_____

- -

_____

Lectura compartida

 Buscar evidencias

 Lee para saber lo que ama la niña.

 Lee y señala cada palabra del título.

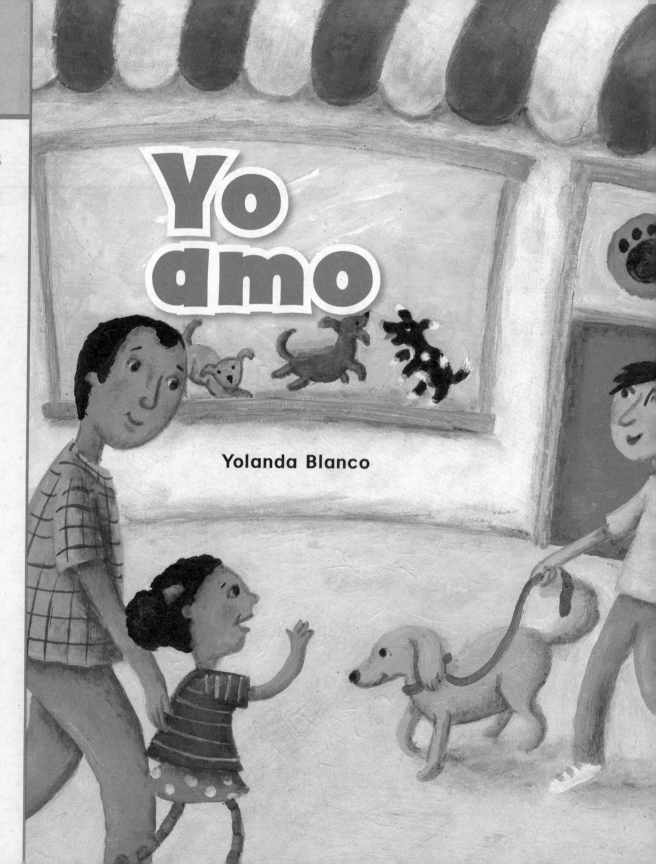

Yo amo

Yolanda Blanco

Yo amo a Mumu.

Lectura compartida

Buscar evidencias

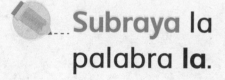 **Subraya** la palabra **la**.

Encierra en un círculo las palabras que tienen sílabas con **m**.

Yo amo a Meme.

Mimo a la .
gatita

Lectura compartida

Buscar evidencias

Encierra en un círculo la palabra que empieza con el mismo sonido y letra que **Mimi**.

Vuelve a contar el cuento. Usa las ilustraciones como ayuda.

Yo amo a Mimi.

¿Mimo a Mimi?

Mira las fotos.
¿Qué formas hay de ser amigos?

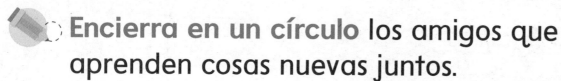

Encierra en un círculo los amigos que aprenden cosas nuevas juntos.

Encierra en un cuadrado los amigos que juegan a un juego juntos.

Escucha la lista.

 Comenta las instrucciones de la lista. ¿Cuándo podemos seguir estas instrucciones para hacer amigos nuevos?

1. Saludar.

2. Decir tu nombre.

3. Invitar a tu nuevo amigo a jugar.

Acuérdate

Una **lista** es una manera rápida de dar información.

Cada elemento está en una línea.

 Coméntalo

¿Cómo muestran las fotos de este texto las formas de ser amigos?

 Di en orden las instrucciones de la lista.

 Representa las instrucciones. Túrnate con un compañero.

Buscar evidencias

 Lee para saber qué trae la mamá en su maleta.

 Encierra en un círculo un objeto cuyo nombre empieza con la sílaba **mu**.

La mamá

Claudio Barriga

Yo  la .

veo muñeca

Buscar evidencias

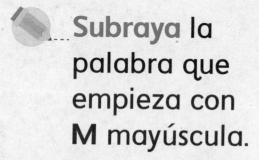

Subraya la palabra que empieza con **M** mayúscula.

Encierra en un círculo la palabra **la**.

Yo mimo a mi .

muñeca

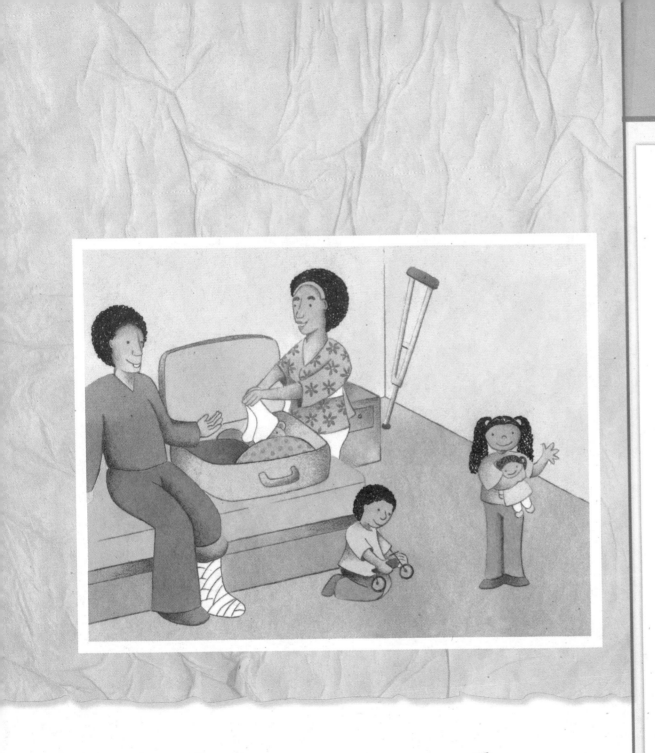

Memo ama la .

moto

Lectura compartida

 Buscar evidencias

 Encierra en un círculo las palabras que dicen a quién ama la mamá.

 Vuelve a contar el cuento. Usa las ilustraciones como ayuda.

Mamá ama a Ema.

Mamá ama a Memo.

Cómo ser un buen amigo

Paso 1 Comenta cómo puedes ser un buen amigo.

Paso 2 Escribe una pregunta acerca de qué hacen los buenos amigos.

_____

- -

_____

_____

- -

_____

Paso 3 Conversa con tus compañeros.
Hazles tu pregunta.

Paso 4 Dibuja lo que aprendiste.

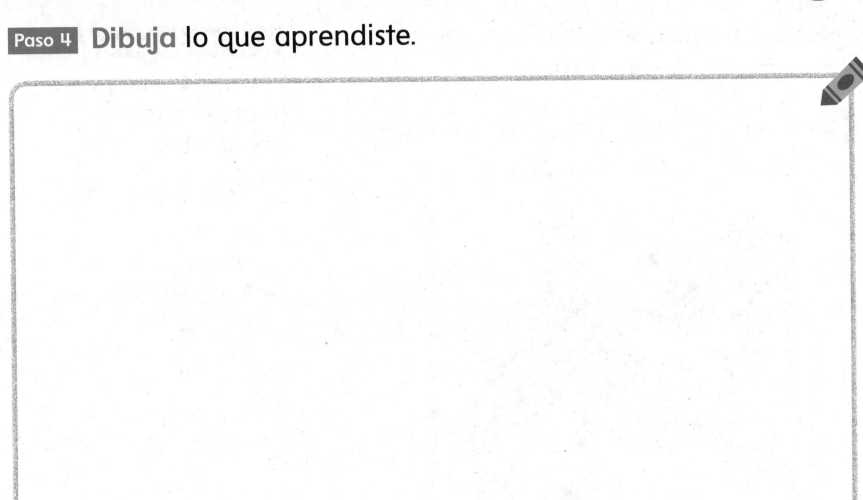

Paso 5 Elige una buena manera de presentar tu trabajo.

Comenta qué están haciendo los amigos de la pintura.

 Compara estos amigos con los de *Así se hicieron amigos.*

Acuérdate

Podemos **comparar** cosas. Podemos preguntar:

¿En que se parecen?

¿En qué se diferencian?

Lo que sé ahora

Piensa en los textos que leíste esta semana.

Los textos hablan de

_____

- -

_____

_____

- -

_____

 Piensa en lo que aprendiste esta semana. ¿Qué más te gustaría saber? Comenta tus ideas.

 Comenta algo que aprendiste acerca de los cuentos de ficción.

Coméntalo

 Pregunta esencial ¿Cómo se mueven los bebés de los animales?

Comenta cómo se mueven estos pingüinos bebé.

 Dibuja cómo se mueve tu animal favorito.

Sue Flood/Stone/Getty Images

Vuelve a contar el cuento.

 Dibuja una parte importante del cuento.

 Evidencia en el texto

Página

Comenta cómo se mueven los animales de *¡A la bolsa!*

 Dibuja cómo se mueve uno de los animales.

En un cuento, el texto y las ilustraciones dan **detalles clave.** Los detalles clave dan información para entender la historia.

 Escucha una parte del cuento.

 Comenta los detalles clave.

 Escribe un detalle clave.

Un detalle clave es que

_____

- -

_____

- -

_____

Dibuja el detalle que escribiste.

Mira la página 12. ¿Qué hace el autor para que sepas que Popi está hablando?

 Escribe y **dibuja** lo que quiere hacer Popi cuando dice: "¡A la bolsa!".

Popi quiere

Mira la página 34.

 Comenta por qué los canguros bebé dicen: "¡Ni hablar!".

 Dibuja lo que quieren hacer los canguros bebé.

Buscar evidencias

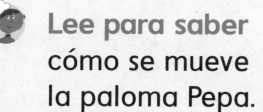

Lee para saber cómo se mueve la paloma Pepa.

Encierra en un círculo la palabra **veo**.

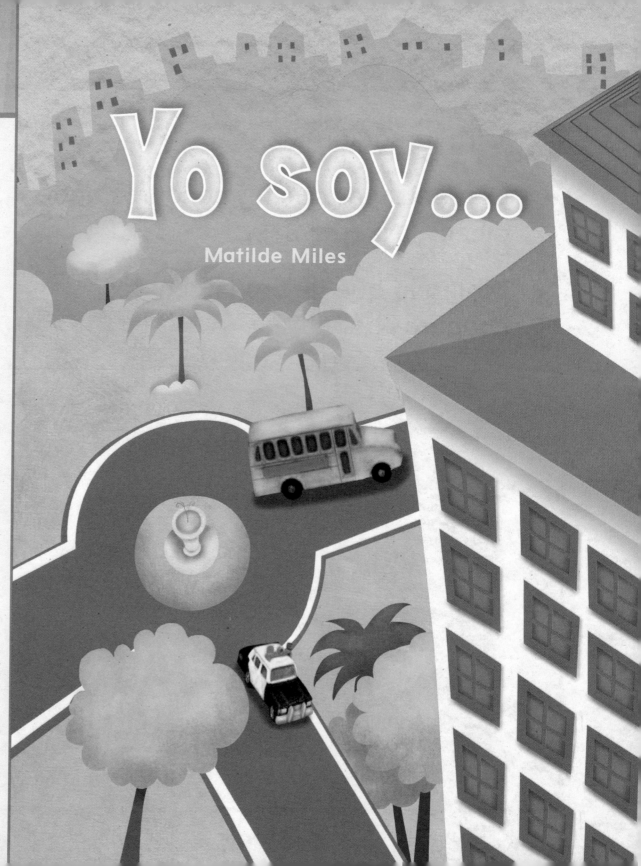

Yo soy...

Matilde Miles

Veo, veo...

Lectura compartida

Buscar evidencias

 Haz preguntas que tengas acerca del cuento a medida que lees. Eso te ayudará a obtener información.

 Subraya la palabra que empieza con la sílaba **pa**.

Veo a mamá.

Veo a papá.

Lectura compartida

Buscar evidencias

 Subraya la palabra que empieza con la sílaba **pe**.

 Vuelve a contar el cuento. Usa las ilustraciones como ayuda.

Yo soy la Pepa.

paloma

¡Puedo !

volar

Mira las fotos de las páginas 106 y 107. ¿Cómo se mueven los bebés de estos animales?

Mamá leona y sus cachorros

Mamá pato y sus patitos

Encierra en un círculo los animales bebé que nadan.

Encierra en un cuadrado los animales bebé que se arrastran.

Acuérdate

Para descubrir cómo se mueven los animales bebé, buscamos **claves**, o detalles, en las fotos.

106 Unidad I • Semana 2

(tl)Comstock Images/Stockbyte/Getty Images; (tr)Splinter Images/Alamy

Una yegua y su potrillo

Tortugas bebé

 Comenta cómo dan información las fotos acerca de cómo se mueven los animales bebé.

(tl)John Giustina/Photodisc/Getty Images; (tr)Rene Frederick/Digital Vision/Getty Images

Coméntalo

Los títulos dan información acerca del tema de un texto. ¿Cómo te ayuda el título "¡Bebés en movimiento!" a saber de qué trata el texto?

Buscar evidencias

Lee para saber lo que puede hacer Pumi.

Subraya las letras del título que están en minúsculas.

Pumi

Mari Robles

Yo soy Pumi.

Lectura compartida

 **Buscar evidencias**

Subraya la palabra **veo**.

Encierra en un círculo los dibujos que muestran cómo salta Pumi.

Puedo .

saltar

Veo a Pame.

Buscar evidencias

Encierra en un círculo la palabra que empieza con **P** mayúscula.

Vuelve a contar el cuento. Usa las ilustraciones como ayuda.

Puedo .

correr

¡Amo !

jugar

Búsqueda e investigación

Cómo se mueven los animales bebé

Paso 1 Comenta las maneras de moverse de distintos animales bebé. Elige una e investígala.

Paso 2 Escribe una pregunta acerca de cómo se mueve el animal.

_____

- -

_____

_____

- -

_____

Paso 3 Mira libros o busca en internet.

Paso 4 Dibuja lo que aprendiste.

Paso 5 Elige una buena manera de presentar tu trabajo.

Los pollitos

Son preciosos
mis pollitos
menuditos.
Son tan tiernos,
tan chiquitos,
tan sedosos,
tan finitos,

que en el mundo
no hay pollitos
tan bonitos.
Pían, corren,
hurgan, saltan,
buscan, chillan,
vienen, van,

se pelean
como locos
por un pedazo
de pan.

Olegario Víctor Andrade

 Escucha el poema.

 Piensa en cómo se mueven los pollitos.

 Compara los movimientos de los pollitos con los de Popi de *¡A la bolsa!*

Acuérdate

Para hablar de los animales bebé podemos decir:

Los pollitos _____.

Popi _____.

Lo que sé ahora

Piensa en los textos que leíste esta semana.

Los textos hablan de

_____

- -

_____

_____

- -

_____

 Piensa en lo que aprendiste esta semana. ¿Qué más te gustaría saber? Comenta tus ideas.

 Comenta algo que aprendiste acerca de los cuentos de ficción.

Coméntalo

Pregunta esencial **¿Qué aprendes por medio de los sentidos?**

Comenta cómo esta niña usa sus sentidos.

 Dibuja una manera de usar los sentidos.

Vuelve a contar el texto.

 Dibuja un dato del texto.

Los sentidos en la playa
Shelley Rotner

 Evidencia en el texto

Página

Comenta maneras en que usamos nuestros sentidos.

 Dibuja una manera de usar los sentidos.

Los textos de no ficción tienen datos y detalles clave. Los detalles clave dan información sobre el tema.

 Escucha una parte del texto.

 Comenta los detalles clave.

 Escribe un detalle clave.

Un detalle clave es que

_____

- -

_____

- -

_____

Dibuja el detalle que escribiste.

Escucha partes del texto.

 Comenta lo que los sentidos te ayudan a saber acerca de la playa.

 Dibuja algunos detalles.

vista	
oído	

Mira las páginas 24 y 25.

 Comenta qué te ayudan a saber las fotos y las palabras acerca de las algas.

 Dibuja y **escribe** acerca de las algas.

Las algas son

_____

- -

_____

Buscar evidencias

 Lee para saber lo que hace la pata Teté.

 Encierra en un círculo la palabra que tiene dos sílabas con **t**.

El té

Matías Gómez

Soy la pata Teté.

Lectura compartida

 Buscar evidencias

 Subraya la palabra **el**.

 Encierra en un círculo lo que Mati le regala a Teté.

Veo a Mati.

¡Toma el , Teté!

pastel

Lectura compartida

 Haz preguntas que tengas acerca del cuento.

 Vuelve a contar el cuento. Usa las ilustraciones como ayuda.

Toma tu , Mati.

taza

¡Amo tu té!

Escucha los poemas. Mira las ilustraciones. ¿Qué podemos descubrir con los sentidos?

 Encierra en un círculo lo que la niña toca.

Encierra en un cuadrado lo que se puede oír.

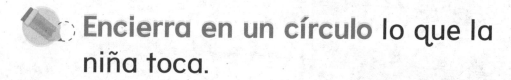

Acuérdate

Podemos usar estas palabras para hablar de los sentidos:

Podemos tocar_____.

Podemos oír_____.

Vuelve a escuchar "El aprendiz de violín".

 Comenta las palabras que se usan para hablar de sonidos.

 Dibuja el objeto que hace un sonido en el poema.

Coméntalo

¿Por qué "Lección" y "El aprendiz de violín" son buenos títulos para esos poemas?

Buscar evidencias

 Lee para saber lo que hace el niño.

 Encierra en un círculo la palabra que empieza con **T** mayúscula.

Soy... ¡mi papá!

Ciro Bello

Tomo la .

toalla

Lectura compartida

 Encierra en un círculo lo que ve el niño.

Subraya la sílaba **ti** en la palabra **patito**.

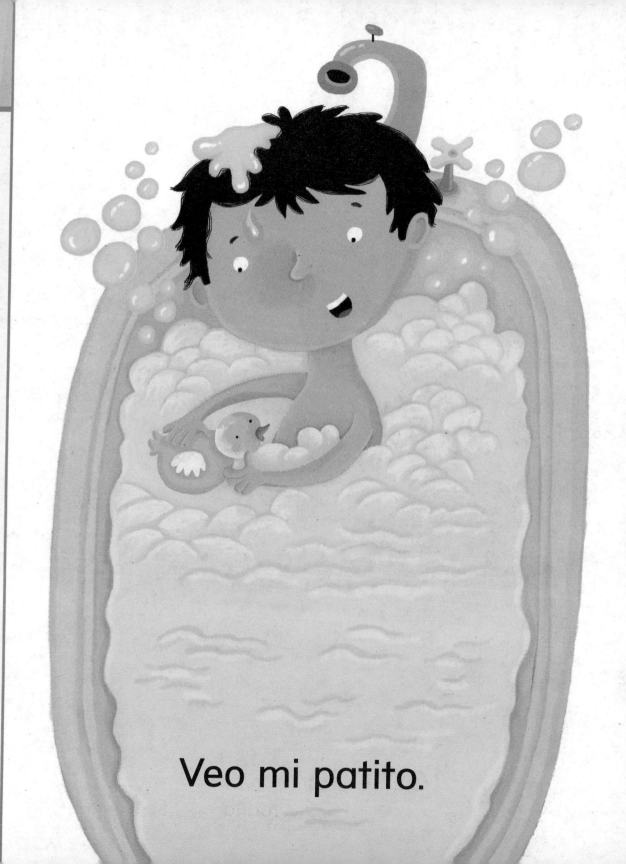

Veo mi patito.

Meto mi .
pelota

Lectura compartida

 Buscar evidencias

 Encierra en un círculo la parte del cuerpo con la que el niño huele el jabón.

 Vuelve a contar el cuento. Usa las ilustraciones como ayuda.

Tomo el  .

jabón

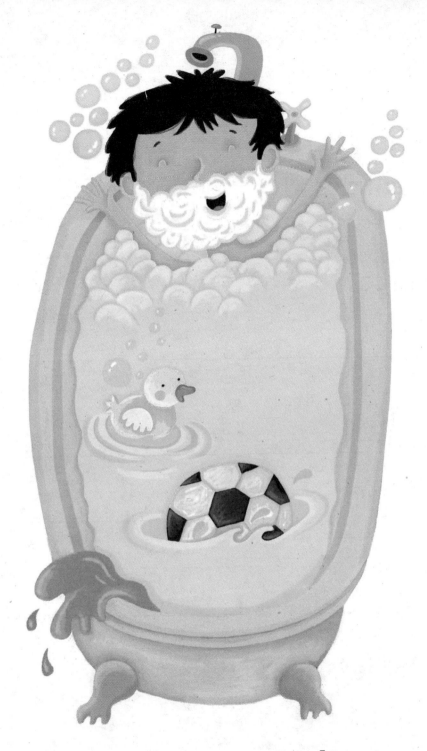

Soy... ¡mi papá!

Investiga un sentido

Paso 1 **Conversa** acerca de los sentidos.
Elige uno e investígalo.

Paso 2 **Escribe** una pregunta acerca
de ese sentido.

_____

- -

_____

_____

- -

_____

Paso 3 **Mira** libros o busca en internet.

Paso 4 Dibuja lo que aprendiste.

Paso 5 Elige una buena manera de presentar tu trabajo.

Comenta lo que puedes descubrir acerca de flores como estas a través de los sentidos.

 Piensa en lo que aprendiste al leer *Los sentidos en la playa.*

 Compara lo que puedes descubrir acerca de las flores y acerca de la playa a través de los sentidos.

Acuérdate

Los sentidos nos ayudan a saber en qué se parecen y se diferencian las cosas.

Rijksmuseum, Amsterdam

Lo que sé ahora

Piensa en los textos que leíste esta semana.

Los textos hablan de

_____

- -

_____

- -

_____

 Piensa en lo que aprendiste esta semana. ¿Qué más te gustaría saber? Comenta tus ideas.

 Comenta algo que aprendiste acerca de los textos de no ficción.

Tarjetas de fonética

Aa
a
abeja

Bb
ba be bi
bo bu
bate

Cc
ca co cu
camello

Cc
ce ci
cepillo

Ch ch
cha che chi
cho chu
chaleco

Dd
da de di
do du
delfín

Ee
e
elefante

Ff
fa fe fi
fo fu
fuego

Gg
gue gui güe güi
ga go gu
guitarra

Gg
ge gi
gema

Hh
ha he hi
ho hu
hipopótamo

Ii
i
iguana

Jj
ja je ji
jo ju
jirafa

Kk
ka ke ki
ko ku
koala

Ll
la le li
lo lu
limón

Ll ll
lla lle lli
llo llu
llave

Mm
ma me mi
mo mu
mapa

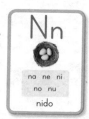
Nn
na ne ni
no nu
nido

Ññ
ña ñe ñi
ño ñu
ñandú

Oo
o
oso

Pp
pa pe pi
po pu
piano

Qq
que qui
queso

Rr
ra re ri ro ru
-rra -rre -rri
-rro -rru
rosa

Rr
-ra -re -ri -ro -ru
pera

Ss
sa se si
so su
sol

Tt
ta te ti
to tu
tortuga

Uu
u
uvas

Vv
va ve vi
vo vu
volcán

Yy
ya ye yi
yo yu
yo-yo

Zz
za ze zi
zo zu
zapato

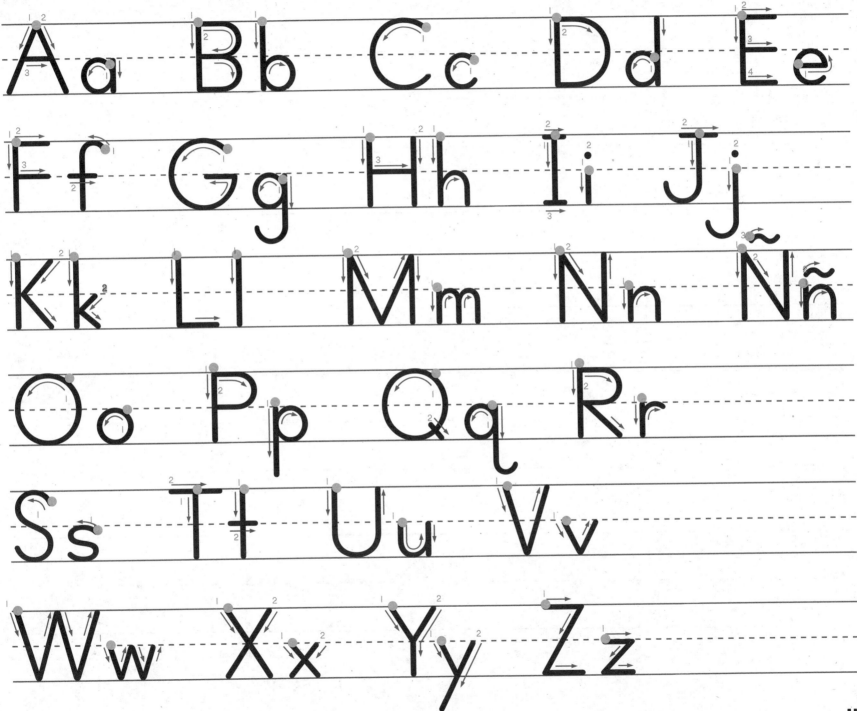

Aa Bb Cc Dd Ee
Ff Gg Hh Ii Jj
Kk Ll Mm Nn Ññ
Oo Pp Qq Rr
Ss Tt Uu Vv
Ww Xx Yy Zz